# la campagne

Titre original de l'ouvrage: ''el campo''
© José M.ª Parramón Vilasaló

© Bordas. Paris. 1986 pour la traduction française
I.S.B.N. 2-04-016597-5
Dépôt légal: février 1987

Imprimé en Espagne par
Expograf, Sant Adrià, 52 (Barcelona)
en février 1987
Dépôt légal: B-2.380-87
Numéro d'Editeur: 785

Toute représentation ou reproduction, intégrale ou partielle, faite sans le consentement de l'auteur, ou des ses ayants droit ou ayants cause, est illicite (loi du 11 mars 1957, alinéa 1 er de l'article 40). Cette représentation ou reproduction, par quelque procédé que ce soit, constituerait une contrefaçon sanctionnée par les articles 425 et suivants du code pénal. La loi du 11 mars 1957 n'autorise, aux termes des alinéas 2 et 3 de l'article 41, que les copies ou reproductions strictement réservées à l'usage privé du copiste et non destinées à ûne utilisation collective d'une part et, d'autre part, que les analyses et les courtes citations dans un but d'exemple et d'illustration.

la bibliothèque des tout-petits

María Rius
Josep Mª Parramón

# la campagne

**Bordas**

Quand tu vois des champs de blé
avec des coquelicots

et de grands potagers avec
des salades, des choux,

des tomates, des poivrons,
et toutes sortes de légumes,

et que tu vois des arbres avec des fruits,

des pommes, des prunes, des pêches;

quand tu vois un village
et ses habitants,

des cochons, des vaches
et des moutons;

quand tu vois des vendangeurs au milieu des vignes,

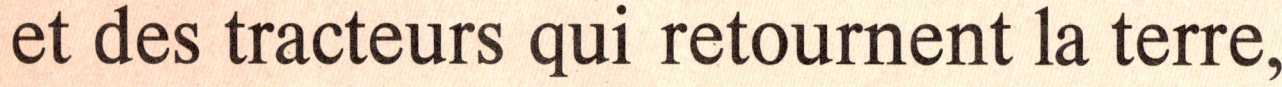
et des tracteurs qui retournent la terre,

et le blanc de la neige
sur les collines et les chemins

et le jaune vif des champs
de tournesol,

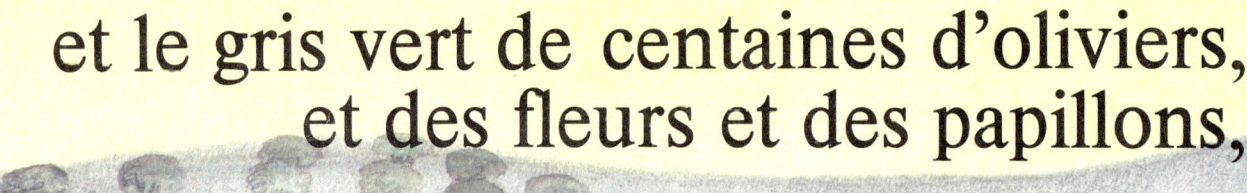

et le gris vert de centaines d'oliviers,
et des fleurs et des papillons,

tu es à la campagne.

# la bibliothèque des tout-petits

## les quatre saisons

## les cinq sens

# la bibliothèque des tout-petits

## les quatre éléments

## les quatre âges de la vie

# la bibliothèque des tout-petits

## un jour...

## raconte-moi...